The Stranger

Translated by Andrey Kneller

Copyright © Kneller, Boston, 2011

All rights reserved

Also by Andrey Kneller:

Evening: Poetry of Anna Akhmatova

Rosary: Poetry of Anna Akhmatova

White Flock: Poetry of Anna Akhmatova

Final Meeting: Selected Poetry of Anna Akhmatova

Wondrous Moment: Selected Poetry of Alexander Pushkin

My Poems: Selected Poetry of Marina Tsvetaeva

Backbone Flute: Selected Poetry of Vladimir Mayakovsky

February: Selected Poetry of Boris Pasternak

Unfinished Flight: Selected Poetry of Vladimir Vysotsky

O, Time…: Selected Poetry of Victoria Roshe

Discernible Sound: Selected Poetry

For Lena

Table of Contents

It's dark, despite the moon above… 3

Let the nightingale resound… 5

I'm rushing in the darkness… 7

We were together… 9

I neared my bliss… 11

The evening shades have yet to sink… 13

The city sleeps… 15

Outside, behind the window pane… 17

Servus - Reginae 19

Dolor Ante Lucem 21

Feast your eyes upon the shining… 23

Foreseeing You 25

The spring is breaking river ice … 27

You would cut the lagoon with your oar… 29

The wooden barge of life… 31

A girl was singing in the old church choir … 33

Stranger.. 35

Guardian Angel... 39

Night. The city grew calm… 43

Cleopatra... 45

When you are standing on my path… 49

The pain appeared to be relentless… 51

I'm nailed to the tavern counter… 53

You're like a temple… 55

In a restaurant 57

Among the crowds, it's becoming harder… 59

I while away my life in stride… 61

The night, the pharmacy, the street… 63

You were most charming… 65

I yearn to live a life of meaning… 67

I recall the nervous trepidation… 69

You sought no friends!… 71

They will bury us deep… 73

THE TWELVE (An excerpt) 75

Alexander Blok

Selected Poems

Пусть светит месяц...

Пусть светит месяц - ночь темна.
Пусть жизнь приносит людям счастье,-
В моей душе любви весна
Не сменит бурного ненастья.
Ночь распростерлась надо мной
И отвечает мертвым взглядом
На тусклый взор души больной,
Облитой острым, сладким ядом.
И тщетно, страсти затая,
В холодной мгле передрассветной
Среди толпы блуждаю я
С одной лишь думою заветной:
Пусть светит месяц - ночь темна.
Пусть жизнь приносит людям счастье,-
В моей душе любви весна
Не сменит бурного ненастья.

Январь 1898

It's dark, despite the moon above…

It's dark despite the moon above.
For many life may turn out better, -
Inside my soul the spring of love
Will not replace the stormy weather.
The night's spread out in the street,
And to my spirit's muted stare,
That's soaked in poison, hot and sweet,
It answers with a deathly glare.
I try to keep my passions down,
Out in the cold and dawning mist,
I wander, lost among the crowd,
Engrossed with thoughts of only this:
It's dark despite the moon above.
For many life may turn out better, -
Inside my soul the spring of love
Will not replace the stormy weather.

January 1898

Пусть рассвет глядит нам в очи...

Пусть рассвет глядит нам в очи,
Соловей поет ночной,
Пусть хоть раз во мраке ночи
Обовью твой стан рукой.

И челнок пойдет, качаясь
В длинных темных камышах,
Ты прильнешь ко мне, ласкаясь,
С жаркой страстью на устах.

Пой любовь, пусть с дивной песней
Голос льется все сильней,
Ты прекрасней, ты прелестней,
Чем полночный соловей!...

Май 1898

Let the nightingale resound…

Let the nightingale resound,
Let us feel the first light's gaze,
Let me wrap my arm, stretched out
In the gloom, around your waist.

The canoe will drift by, lazy,
Past the swaying reeds eclipsed,
You will fall to me, embracing,
Burning passion - on your lips.

Sing for me, my love, with feeling,
As your melody grows strong,
It's more charming, more appealing
Than the nightingale's song!...

May 1898

Я ношусь во мраке…

Я ношусь во мраке, в ледяной пустыне,
Где-то месяц светит? Где-то светит солнце?
Вон вдали блеснула ясная зарница,
Вспыхнула - погасла, не видать во мраке,
Только сердце чует дальний отголосок
Грянувшего грома, лишь в глазах мелькает
Дальний свет угасший, вспыхнувший мгновенно,
Как в ночном тумане вспыхивают звезды...
И опять - во мраке, в ледяной пустыне...
Где-то светит месяц? Где-то солнце светит?
Только месяц выйдет - выйдет, не обманет.
Только солнце встанет - сердце солнце встретит.

Июль 1898

I'm rushing in the darkness…

I'm rushing in the darkness, in the glacial desert,
A moon is shining somewhere? Somewhere there's a sun?
Just the summer lightning flashed out in the distance,
Flashed – and quickly faded, died down in the dark,
Just the heart discerns now the faint and distant echo
Of the thunder bursting, just the eyes see flickers
Of the distant light that flashed for just a moment,
Like the stars that flare up in the nighttime mist…
And again, - in darkness, in the glacial desert...
A moon is shining somewhere? Somewhere there's a sun?
But the moon will surface – it will not deceive me.
But the sun will rise soon – greeted by the heart.

July 1898

Мы были вместе...

Мы были вместе, помню я...
Ночь волновалась, скрипка пела...
Ты в эти дни была - моя,
Ты с каждым часом хорошела...

Сквозь тихое журчанье струй,
Сквозь тайну женственной улыбки
К устам просился поцелуй,
Просились в сердце звуки скрипки...

9 марта 1899

We were together...

We were together at the time...
The fiddle sang, the night felt giddy...
I knew back then that you were – mine,
As hours passed you grew more pretty...

Through streams that babble in the mist
And secrets that your smiles impart,
The lips were yearning for a kiss,
The fiddle's music – for the heart...

March 9, 1899

Я шел к блаженству…

Я шел к блаженству. Путь блестел
Росы вечерней красным светом,
А в сердце, замирая, пел
Далекий голос песнь рассвета.
Рассвета песнь, когда заря
Стремилась гаснуть, звезды рдели,
И неба вышние моря
Вечерним пурпуром горели!..
Душа горела, голос пел,
В вечерний час звуча рассветом.
Я шел к блаженству. Путь блестел
Росы вечерней красным светом.

18 мая 1899

I neared my bliss…

I neared my bliss. I walked among
The crimson light of sunset's dew,
A voice sang to my heart the song
Of sunrise that would soon ensue.
Of sunrise, when the evening glow
Just strove to fade and stars shone bright,
When heaven's seas began to flow,
While burning purple in the night!...
My soul was burning to the song
About the sunrise breaking through.
I neared my bliss. I walked among
The crimson light of sunset's dew.

May 18, 1899

Не легли еще тени вечерние…

Не легли еще тени вечерние,
А луна уж блестит на воде.
Всё туманнее, всё суевернее
На душе и на сердце - везде...

Суеверье рождает желания,
И в туманном и чистом везде
Чует сердце блаженство свидания,
Бледный месяц блестит на воде...

Кто-то шепчет, поет и любуется,
Я дыханье мое затаил,-
В этом блеске великое чуется,
Но великое я пережил...

И теперь лишь, как тени вечерние
Начинают ложиться смелей,
Возникают на миг суевернее
Вдохновенья обманутых дней...

1899

The evening shades have yet to sink…

The evening shades have yet to sink,
But moonlight's shining in the lake.
The heart, the soul – and everything
Feels superstitious and opaque…

This superstition leads to yearning,
And in the mist that glows opaque,
Foreseeing bliss, the heart is burning,
The pale moon shines in the lake…

Somebody's whispering and singing,
And barely breathing, I await, -
I'm sensing greatness in this gleaming,
I've lost the greatness, I'm afraid…

And now, without a hesitation,
As evening shades sink in the haze,
I recollect the inspirations
Of superstitious bygone days…

1899

Город спит…

Город спит, окутан мглою,
Чуть мерцают фонари...
Там далёко, за Невою,
Вижу отблески зари.
В этом дальнем отраженьи,
В этих отблесках огня
Притаилось пробужденье
Дней тоскливых для меня...

23 августа 1899

The city sleeps…

The city sleeps wrapped in the haze,
The streetlamps barely glimmer …
And I can see the morning rays
Beyond the Neva start to shimmer.
This distant and opaque reflection,
This gleam of the awaking blaze
Conceals the nearing resurrection
Of dreary, melancholy days…

August 23, 1899

О, как безумно за окном...

> *Вы, бедные, нагие несчастливцы.*
> Лир

О, как безумно за окном
Ревет, бушует буря злая,
Несутся тучи, льют дождем,
И ветер воет, замирая!

Ужасна ночь! В такую ночь
Мне жаль людей, лишенных крова,
И сожаленье гонит прочь -
В объятья холода сырого!..

Бороться с мраком и дождем,
Страдальцев участь разделяя...
О, как безумно за окном
Бушует ветер, изнывая!

24 августа 1899

Outside, behind the window pane...

Poor naked wretches...
King Lear

Outside behind the window pane,
The angry tempest rages wild,
The clouds rush with gushing rain,
The merciless wind is wailing, riled!

A frightening night! On such a night,
I sympathize with all the homeless,
And pity pushes me outside –
Into the damp embrace of coldness!...

To fight against the gloom and rain,
Partaking in this ruthless trial...
Outside behind the window pane,
The pining wind is raging wild!

August 24, 1899

Servus - Reginae

Не призывай. И без призыва
    Приду во храм.
Склонюсь главою молчаливо
    К твоим ногам.

И буду слушать приказанья
    И робко ждать.
Ловить мгновенные свиданья
    И вновь желать.

Твоих страстей повержен силой,
    Под игом слаб.
Порой - слуга; порою - милый;
    И вечно - раб.

14 октября 1899

Servus - Reginae

Don't send for me. No need to call,
    I'll come inside.
Onto my knees I'll quickly fall
    Down by your side.

I'll tamely wait for your commands
    And hear them through
And treasure every single chance
    Of meeting you.

Your servant, and your dear, at times.
    Your passion's wave
Has conquered me. And always, I'm -
    Your humble slave.

October 14, 1899

Dolor Ante Lucem

Каждый вечер, лишь только погаснет заря,
Я прощаюсь, желанием смерти горя,
И опять, на рассвете холодного дня,
Жизнь охватит меня и измучит меня!

Я прощаюсь и с добрым, прощаюсь и с злым,
И надежда и ужас разлуки с земным,
А наутро встречаюсь с землею опять,
Чтобы зло проклинать, о добре тосковать!..

Боже, боже, исполненный власти и сил,
Неужели же всем ты так жить положил,
Чтобы смертный, исполненный утренних грез,
О тебе тосковáнье без отдыха нес?..

3 декабря 1899

Dolor Ante Lucem

Every night when the sun just commences to set,
I bid it farewell while I yearn to be dead,
But again as the cold, bitter day dawns anew,
Life will take hold of me and the pain will ensue!

I part with the good and the evil in part,
Filled with hope and with dread that I may soon depart,
But the morning returns and I stand where I stood,
And I still curse the evil and pine for the good.

Goodness, you're wise, full of power and force,
For how many of us have you chosen this course,
So a mortal with daydreams, as the sun comes awake,
Has to long for your presence all day, with no break?...

December 3, 1899

Ярким солнцем, синей далью…

Ярким солнцем, синей далью
В летний полдень любоваться -
Непонятною печалью
Дали солнечной терзаться...

Кто поймет, измерит оком,
Что за этой синей далью?
Лишь мечтанье о далеком
С непонятною печалью...

17 февраля 1900

Feast your eyes upon the shining...

Feast your eyes upon shining
Midday sun in distant blues -
Distances that feed the pining
Which has overtaken you...

Who could measure in an instant
What's beyond the azure glare?
Just the longing for the distant
With a strange unknown despair...

February 17, 1900

Предчувствую Тебя ...

Предчувствую Тебя. Года проходят мимо —
Всё в облике одном предчувствую Тебя.
Весь горизонт в огне — и ясен нестерпимо,
И молча жду,— тоскуя и любя.

Весь горизонт в огне, и близко появленье,
Но страшно мне: изменишь облик Ты,
И дерзкое возбудишь подозренье,
Сменив в конце привычные черты.

О, как паду — и горестно, и низко,
Не одолев смертельные мечты!
Как ясен горизонт! И лучезарность близко.
Но страшно мне: изменишь облик Ты.

4 июня 1901

Foreseeing You …

Foreseeing You, as years are passing by –
Your image is unchanged in my perception.
I cannot bear the lucid, blazing sky
And so I wait – in love and in dejection.

The sky is blazing, - You will soon appear,
But how I fear: Your image will be changed,
And the suspicion You evoke will be austere,
Your features will appear to me as strange.

How I'll collapse – so low and so morose,
Defeated by the fatal dream, deranged!
How lucid is the sky! The radiance is close.
But how I fear: Your image will be changed.

July 4, 1901

Весна в реке ломает льдины ...

Весна в реке ломает льдины,
И милых мертвых мне не жаль:
Преодолев мои вершины,
Забыл я зимние теснины
И вижу голубую даль.

Что сожалеть в дыму пожара,
Что сокрушаться у креста,
Когда всечасно жду удара
Или божественного дара
Из Моисеева куста!

Март 1902

The spring is breaking river ice ...

The spring is breaking river ice,
I feel no pity for the dead:
Upon new summits now I rise,
Forgetting ravines, now my eyes
Reflect blue distances ahead.

In smoky flames, I'll feel no woe,
I won't be grieving by the crosses,
I wait here for a sudden blow,
Or the divine to be bestowed
Upon me from the bush of Moses!

March 1902

Мы встречались с тобой на закате …

Мы встречались с тобой на закате.
Ты веслом рассекала залив.
Я любил твое белое платье,
Утонченность мечты разлюбив.

Были странны безмолвные встречи.
Впереди - на песчаной косе
Загорались вечерние свечи.
Кто-то думал о бледной красе.

Приближений, лижений, сгораний-
Не приемлет лазурная тишь...
Мы встречались в вечернем тумане,
Где у берега рябь и камыш.

Ни тоски, ни любви, ни обиды,
Всё померкло, прошло, отошло..
Белый стан, голоса панихиды
И твое золотое весло.

13 мая, 1902

You would cut the lagoon with your oar...

You would cut the lagoon with your oar.
You and I, we would meet up at sunset.
I fell in love with the dress that you wore,
All my prior ambitions were nonsense.

Left alone we would quietly sit
And our silence seemed strangely awry.
On the shore evening candles were lit.
Someone pondered the beautiful sky.

There was never love's ardor or bliss,
Quiet azure had trounced our passions...
We would meet in the gray evening mist,
By the shore full of ripples and rushes.

No more sorrow or love, no more yearning,
All would vanish, forgotten, repressed...
With it vanished the voice of the mourning,
Golden oar, and the white summer dress.

May 13, 1902

Барка жизни встала …

Барка жизни встала
На большой мели.
Громкий крик рабочих
Слышен издали́.
Песни и тревога
На пустой реке.
Входит кто-то сильный
В сером армяке.
Руль дощатый сдвинул,
Парус распустил
И багор закинул,
Грудью надавил.
Тихо повернулась
Красная корма,
Побежали мимо
Пёстрые дома.
Вот они далёко,
Весело плывут.
Только нас с собою,
Верно, не возьмут!

Декабрь 1904

The wooden barge of life…

The wooden barge of life
Somehow ran aground.
Far away the screams
Of the crew resound.
On the shallow river,
There's alarm and song.
Suddenly a peasant,
Powerful and strong,
Turned the wooden rudder
And let the sails spread,
Sent the boat-hook flying
With all the might he had.
Gradually the red stern
Turned around at last,
And the motley houses
Started darting past.
Merrily, they sail off
Far away from here.
Sadly they won't take along
You and I, my dear!

December 1904

Девушка пела в церковном хоре…

Девушка пела в церковном хоре
О всех усталых в чужом краю,
О всех кораблях, ушедших в море,
О всех, забывших радость свою.

Так пел ее голос, летящий в купол,
И луч сиял на белом плече,
И каждый из мрака смотрел и слушал,
Как белое платье пело в луче.

И всем казалось, что радость будет,
Что в тихой заводи все корабли,
Что на чужбине усталые люди
Светлую жизнь себе обрели.

И голос был сладок, и луч был тонок,
И только высоко, у Царских Врат,
Причастный Тайнам,- плакал ребенок
О том, что никто не придет назад.

Август 1905

A girl was singing in the old church choir …

A girl was singing in the old church choir
About the ships that sailed in the mist,
About those abroad, whose lives turned dire,
And those who've lost their happiness and bliss.

Up in the cupolas, her voice had filled the room,
The sun upon her shoulders, made them white,
And everyone was watching from the gloom
The way her dress sang out in the light.

And they all thought that joy was close at hand,
That ships were stationed in a peaceful bay,
That those abroad were living there, content,
And basking in the soothing, balmy rays.

Her voice was gentle and the light had swept
The gates of the altar, where, all alone,
Aware of the Secret, - a child had wept
That no one was ever again coming home.

August 1905

Незнакомка

По вечерам над ресторанами
Горячий воздух дик и глух,
И правит окриками пьяными
Весенний и тлетворный дух.

Вдали над пылью переулочной,
Над скукой загородных дач,
Чуть золотится крендель булочной,
И раздается детский плач.

И каждый вечер, за шлагбаумами,
Заламывая котелки,
Среди канав гуляют с дамами
Испытанные остряки.

Над озером скрипят уключины
И раздается женский визг,
А в небе, ко всему приученный
Бессмысленно кривится диск.

И каждый вечер друг единственный
В моем стакане отражен
И влагой терпкой и таинственной
Как я, смирен и оглушен.

А рядом у соседних столиков
Лакеи сонные торчат,
И пьяницы с глазами кроликов
"In vino veritas!" кричат.

И каждый вечер, в час назначенный
(Иль это только снится мне?),
Девичий стан, шелками схваченный,
В туманном движется окне.

Stranger

Above the restaurants at night,
The deaf and wild air abounds,
The putrid springtime soul presides
Over the drunkards' screams and shouts.

Beyond the dusty countryside
And dachas, out of boredom, sleeping,
The baker's golden pretzel shines
And one can hear a child weeping.

Each night beyond the lifting gates,
With bowler hats worn to the side,
The wise-guys stroll with pretty dates
Along the ditches through the night.

Some woman's loud squeal resounds,
The rowlocks screech above the lake,
While in the sky, amidst the clouds,
The pointless crescent glows opaque.

And in my glass, as evening sinks,
My one and only friend's reflected
And with the strange, astringent drink,
Like me, he's humbled and dejected.

The restless lackeys, out of habit,
Sit in the tables next to us,
The drunkards, with the eyes of rabbits,
Proclaim: "In vino veritas!"

And at a certain hour nightly,
(Or am I dreaming, in a daze?)
A woman's figure walks by lightly
Outside the window, through the haze.

И медленно, пройдя меж пьяными,
Всегда без спутников, одна
Дыша духами и туманами,
Она садится у окна.

И веют древними поверьями
Ее упругие шелка,
И шляпа с траурными перьями,
И в кольцах узкая рука.

И странной близостью закованный,
Смотрю за темную вуаль,
И вижу берег очарованный
И очарованную даль.

Глухие тайны мне поручены,
Мне чье-то солнце вручено,
И все души моей излучины
Пронзило терпкое вино.

И перья страуса склоненные
В моем качаются мозгу,
И очи синие бездонные
Цветут на дальнем берегу.

В моей душе лежит сокровище,
И ключ поручен только мне!
Ты право, пьяное чудовище!
Я знаю: истина в вине.

24 апреля 1906

Among the drunks, all on her own,
She slowly crosses through the room
And by the window sits alone,
Exuding mist and sweet perfume.

An air of something old and grand
Surrounds her presence in the room,
The bracelets on her skinny hand,
Her hat adorned with mourning plumes.

I can't resist it any more,
Entranced, my feelings now prevail,
I see a long, enchanted shore
And spreading valleys through her veil.

Deep secrets are revealed and told,
And someone's sun is in my hands,
And all the corners of my soul,
Are pierced with wine that never ends.

The ostrich tail feathers rise
And madly sway inside my head,
And someone's blue, unending eyes
Are blooming in a distant land.

The treasure's buried deep inside
My soul and now the key is mine!
Hey, drunken creatures, you were right!
I know: the truth is in the wine.

April 24, 1906

Ангел Хранитель

Люблю Тебя, Ангел-Хранитель во мгле.
Во мгле, что со мною всегда на земле.

За то, что ты светлой невестой была,
За то, что ты тайну мою отняла.

За то, что связала нас тайна и ночь,
Что ты мне сестра, и невеста, и дочь.

За то, что нам долгая жизнь суждена,
О, даже за то, что мы - муж и жена!

За цепи мои и заклятья твои.
За то, что над нами проклятье семьи.

За то, что не любишь того, что люблю.
За то, что о нищих и бедных скорблю.

За то, что не можем согласно мы жить.
За то, что хочу и смею убить -

Отмстить малодушным, кто жил без огня,
Кто так унижал мой народ и меня!

Кто запер свободных и сильных в тюрьму,
Кто долго не верил огню моему.

Кто хочет за деньги лишить меня дня,
Собачью покорность купить у меня...

За то, что я слаб и смириться готов,
Что предки мои - поколенье рабов,

Guardian Angel

I love You, My Guardian Angel in gloom.
In gloom that has followed me out of the womb.

Because you were once my fair gorgeous bride.
Because you have seen all the secrets I hide.

Because we are bound by secrets and night.
Because you're my sister, my daughter, my bride.

Because we are destined to live a long life,
And more so, because we are - husband and wife!

Because of my chains and because of your spell,
And the family curse that still haunts us as well.

Because you don't love what I love in this life.
Because I still grieve for the poor and deprived.

We have yet to find harmony and I doubt we will.
Because I'd like to and I'm willing to kill -

Out of vengeance, the blinded men, full of evil,
Who have ridiculed me and belittled my people.

Who locked up the strong and free men in jail,
And didn't believe that my blaze would prevail.

Who want to deprive me of the light I envisioned
And purchase from me my canine submission…

Because I am weak and no longer as brave,
Because my ancestors were all merely slaves,

И нежности ядом убита душа,
И эта рука не поднимет ножа...

Но люблю я тебя и за слабость мою,
За горькую долю и силу твою.

Что огнем сожжено и свинцом залито -
Того разорвать не посмеет никто!

С тобою смотрел я на эту зарю -
С тобой в эту черную бездну смотрю.

И двойственно нам приказанье судьбы:
Мы вольные души! Мы злые рабы!

Покорствуй! Дерзай! Не покинь! Отойди!
Огонь или тьма - впереди?

Кто кличет? Кто плачет? Куда мы идем?
Вдвоем - неразрывно - навеки вдвоем!

Воскреснем? Погибнем? Умрем?

17 августа 1906

Because gentle poison has taken my life,
And no arm of mine could lift up a knife...

And also because I am weak, I confess,
For all your misfortunes and the strength you possess.

For all that had burned and was coated by lead –
That can never be taken and torn into shreds!

Together we watched the dawn's breaking rays –
And now at this chasm, together, we gaze.

Two sides of one fortune, for you and for me:
We are slaves raging wild! Our spirits are free!

Be humble! Be daring! Stay here! Go away!
Is there fire or darkness ahead – who's to say?

Where are we heading? What's that call? What's that cry?
Forever - together – it's just you and I!

Will we rise from the dead? Or perish and die?

August 17, 1906

Ночь. Город угомонился…

Ночь. Город угомонился.
За большим окном
Тихо и торжественно,
Как будто человек умирает.

Но там стоит просто грустный,
Расстроенный неудачей,
С открытым воротом,
И смотрит на звёзды.

«Звёзды, звёзды,
Расскажите причину грусти!»

И на звёзды смотрит.

«Звёзды, звёзды,
Откуда такая тоска?»

И звёзды рассказывают.
Всё рассказывают звёзды.

Октябрь 1906

Night. The city grew calm...

Night. The city grew calm.
Behind the large window
The mood is solemn and somber,
As if a man is dying.

But there someone stands simply sad,
Troubled by his misfortune,
With an opened collar,
And looks at the stars.

"Stars, stars,
Tell me the cause of grief!"

And he looks at the stars.

"Stars, stars,
Where did such anguish come from?"

And the stars tell him,
The stars tell him everything.

October 1906

Клеопатра

Открыт паноптикум печальный
Один, другой и третий год.
Толпою пьяной и нахальной
Спешим... В гробу царица ждет.

Она лежит в гробу стеклянном,
И не мертва и не жива,
А люди шепчут неустанно
О ней бесстыдные слова.

Она раскинулась лениво -
Навек забыть, навек уснуть...
Змея легко, неторопливо
Ей жалит восковую грудь...

Я сам, позорный и продажный,
С кругами синими у глаз,
Пришел взглянуть на профиль важный,
На воск, открытый напоказ...

Тебя рассматривает каждый,
Но, если б гроб твой не был пуст,
Я услыхал бы не однажды
Надменный вздох истлевших уст:

"Кадите мне. Цветы рассыпьте.
Я в незапамятных веках
Была царицею в Египте.
Теперь - я воск. Я тлен. Я прах". –

"Царица! Я пленен тобою!
Я был в Египте лишь рабом,
А ныне суждено судьбою
Мне быть поэтом и царем!

Cleopatra

A mournful waxwork exhibition
Is opened for the third year straight.
A crowd of drunks awaits admission…
While in the grave the queen awaits.

She lies there in her tomb of glass
Neither alive nor fully dead,
And shameless people, as they pass,
All whisper of the life she led.

She lies there, peaceful and sprawling, –
Untroubled, in eternal rest...
A careful serpent, slowly crawling,
Prepares to bite her waxen breast.

I, too, - a sell-out, a disgrace, -
With circles underneath my eyes, -
Have come to glimpse the noble face,
To see the waxworks advertised...

Though many study and observe you,
If you were in your grave today,
I would have heard you sigh with fervor
And speak these words as you decay:

"Burn incense for me. In-between,
Strew flowers. Do all as you must.
Back then, in Egypt, I was queen.
But now, I'm – wax, decay, and dust."

"My queen! I'm standing here enchained!
A slave in Egypt, weak and feeble, -
I have become - my fortune's changed –
A poet and a king for people!

Ты видишь ли теперь из гроба,
Что Русь, как Рим, пьяна тобой?
Что я и Цезарь - будем оба
В веках равны перед судьбой?"

Замолк. Смотрю. Она не слышит.
Но грудь колышется едва
И за прозрачной тканью дышит...
И слышу тихие слова:

"Тогда я исторгала грозы.
Теперь исторгну жгучей всех
У пьяного поэта - слезы,
У пьяной проститутки - смех".

16 декабря 1907

- Now Russia is like Rome, you see,
Engrossed completley in your story,
Along with Caeser, I'll shall be
Unmatched and equal in glory."

I look. She doesn't seem to hear me.
And then, her chest appears to rise,
Beneath the gauzy cloth, she's breathing,
And I discern her quiet sighs:

"I once stirred thunder in the skies,
And now, unlike the days of yore -
Just tears in a drunken poet's eyes
And laughter - from some whore."

December 16, 1907

Когда вы стоите на моем пути…

Когда вы стоите на моем пути,
Такая живая, такая красивая,
Но такая измученная,
Говорите все о печальном,
Думаете о смерти,
Никого не любите
И презираете свою красоту -
Что же? Разве я обижу вас?

О, нет! Ведь я не насильник,
Не обманщик и не гордец,
Хотя много знаю,
Слишком много думаю с детства
И слишком занят собой.
Ведь я - сочинитель,
Человек, называющий все по имени,
Отнимающий аромат у живого цветка.

Сколько ни говорите о печальном,
Сколько ни размышляйте о концах и началах,
Все же, я смею думать,
Что вам только пятнадцать лет.
И потому я хотел бы,
Чтобы вы влюбились в простого человека,
Который любит землю и небо
Больше, чем рифмованные и нерифмованные речи о земле и о небе.

Право, я буду рад за вас,
Так как - только влюбленный
Имеет право на звание человека.

6 февраля 1908

When you are standing on my path...

When you are standing on my path,
So full of life, so full of beauty,
And yet so wearied,
You only talk about sad things,
You only think about death,
You do not love a soul
And you despise your beauty –
What then? Could I offend you?

O, no! I'm not an oppressor,
Not a deceiver or an arrogant man,
Although I know quite a lot
And I think too much since my youth,
And I'm too occupied with myself.
You see, I'm – a writer,
A man, who calls everything by its name,
And steals the aroma from a living flower.

Just don't talk about sad things,
Or reflect on endings and new beginnings,
I still dare to think
That you are only fifteen years old.
And for this reason I'd like it,
If you could fall in love with a simple person,
One, who loves the earth and the sky
More than the rhyming or non-rhyming words about the earth and the sky.

Truly, I'll be happy for you,
Since - only the one who's in love
Has the right to be called a human.

February 6, 1908

Я помню длительные муки…

Я помню длительные муки:
Ночь догорала за окном;
Ее заломленные руки
Чуть брезжили в луче дневном.

Вся жизнь, ненужно изжитая,
Пытала, унижала, жгла;
А там, как призрак возрастая,
День обозначил купола;

И под окошком участились
Прохожих быстрые шаги;
И в серых лужах расходились
Под каплями дождя круги;

И утро длилось, длилось, длилось...
И праздный тяготил вопрос;
И ничего не разрешилось
Весенним ливнем бурных слез.

4 марта 1908

The pain appeared to be relentless...

The pain appeared to be relentless:
The night was burning low outside;
She wrung her arms like she was senseless,
And they would shimmer in the light.

Life without meaning, nearly ending,
Would torture, ridicule and scold;
As thought a ghost that was ascending,
The day revealed the domes of gold;

The passersby seemed few at first,
But now their footsteps multiplied;
And in gray puddles, rings dispersed,
As drops of rain fell from the sky;

The morning lingered and dissolved...
My burdens clouded everything;
And sadly nothing was resolved
By the deluge of tears in spring.

March 4, 1908

Я пригвожден к трактирной стойке...

Я пригвожден к трактирной стойке.
Я пьян давно. Мне всё - равно.
Вон счастие мое - на тройке
В сребристый дым унесено...

Летит на тройке, потонуло
В снегу времен, в дали веков...
И только душу захлестнуло
Сребристой мглой из-под подков...

В глухую темень искры мечет,
От искр всю ночь, всю ночь светло...
Бубенчик под дугой лепечет
О том, что счастие прошло...

И только сбруя золотая
Всю ночь видна... Всю ночь слышна...
А ты, душа... душа глухая...
Пьяным пьяна... пьяным пьяна...

26 октября 1908

I'm nailed to the tavern counter...

I'm nailed to the tavern counter.
I'm drunk already, but not through.
The happiness that I've encountered
The troika took into the blue...

It flew off in the sleigh and drowned
In snows of time, beyond the sky...
And silver haze raised from the ground
Just whipped my soul as it flashed by...

In muffled darkness sparks fly up,
The night, the night appears to burn...
The sleigh bell's jangling nonstop
Of happiness that won't return...

And just the harness made of gold
Is seen all night... heard through the haze...
But you, my soul... my hopeless soul...
Are drunk and dazed... are drunk and dazed...

October 26, 1908

Ты так светла, как снег невинный…

Ты так светла, как снег невинный.
Ты так бела, как дальний храм.
Не верю этой ночи длинной
И безысходным вечерам.

Своей душе, давно усталой,
Я тоже верить не хочу.
Быть может, путник запоздалый,
В твой тихий терем постучу.

За те погибельные муки
Неверного сама простишь,
Изменнику протянешь руки,
Весной далекой наградишь.

8 ноября 1908

You're like a temple…

You're like a temple, tall and white,
Pure and bright like virgin snow.
I don't believe this lengthy night
And hopeless evenings, full of woe.

My soul, itself, is desecrated,
And I won't trust it anymore.
Perhaps, a traveler belated, -
I'll knock against your chamber door.

Despite the torment and dejection,
You will forgive me everything,
You'll greet your traitor with affection
And offer me the warmth of spring.

November 8, 1908

В ресторане

Никогда не забуду (он был, или не был,
Этот вечер): пожаром зари
Сожжено и раздвинуто бледное небо,
И на жёлтой заре - фонари.

Я сидел у окна в переполненном зале.
Где-то пели смычки о любви.
Я послал тебе чёрную розу в бокале
Золотого, как нёбо, аи.

Ты взглянула. Я встретил смущённо и дерзко
Взор надменный и отдал поклон.
Обратясь к кавалеру, намеренно резко
Ты сказала: "И этот влюблён".

И сейчас же в ответ что-то грянули струны,
Исступлённо запели смычки...
Но была ты со мной всем презрением юным,
Чуть заметным дрожаньем руки...

Ты рванулась движеньем испуганной птицы,
Ты прошла, словно сон мой легка...
И вздохнули духи, задремали ресницы,
Зашептались тревожно шелка.

Но из глуби зеркал ты мне взоры бросала
И, бросая, кричала: "Лови!.."
А монисто бренчало, цыганка плясала
И визжала заре о любви.

19 апреля 1910

In a restaurant

I'll never forget it (did it happen or not,
This evening): The setting sun's blaze
Drew open the sky and burned it red hot,
And the streetlamps shone in its rays.

I sat by the window and leaned on the pane.
Distant bows sang something of love.
I sent you a black rose in a glass of champagne,
Just as gold as the sky up above.

I replied to your haughty gaze with a bow,
I felt both courageous and strained.
You turned to your suitor and abruptly somehow
"He, too, is in love," you exclaimed.

The strings replied with a loud refrain
And the fiddles wouldn't relent...
But you were all mine, with your youthful disdain,
I could tell by your trembling hand...

Like a terrified bird, you burst through the room,
As light as my dream, in distress,
To the stupor of lashes, the sighs of perfume
And the whispers of silk in your dress.

From the depths of the mirrors you threw me a glance
And throwing it, "Catch it!" you cried.
The gypsy's long necklace clanked as she danced,
Shrieking of love through the night.

April 19, 1910

Как тяжело ходить среди людей…

> *Там человек сгорел.*
> *-Фет*

Как тяжело ходить среди людей
И притворяться непогибшим,
И об игре трагической страстей
Повествовать еще не жившим.

И, вглядываясь в свой ночной кошмар,
Строй находить в нестройном вихре чувства,
Чтобы по бледным заревам искусства
Узнали жизни гибельный пожар!

10 мая 1910

Among the crowds, it's becoming harder...

There, a man burned.
-Fet

Among the crowds it's becoming harder
To act undead when life is make-believe
And to relate tragic play of ardor
To all of those who've yet to really live.

And to inspect your nightmares and aspire
For order in the vortex of the heart,
So that by looking at the pale glow of art,
They'd recognize life's fatal, deadly fire!

May 10, 1910

Я коротаю жизнь мою…

Я коротаю жизнь мою,
Мою безумную, глухую:
Сегодня — трезво торжествую,
А завтра — плачу и пою.

Но если гибель предстоит?
Но если за моей спиною
Тот — необъятною рукою
Покрывший зеркало — стоит?..

Блеснет в глаза зеркальный свет
И в ужасе, зажмуря очи,
Я отступлю в ту область ночи,
Откуда возвращенья нет…

27 сентября 1910

I while away my life in stride…

I while away my life in stride,
It's senseless to me and redundant:
Today I'm soberly – triumphant,
Tomorrow I will – sing and cry.

What if my death is getting nearer?
What if, behind me, stands a man,
Who, reaching with his massive hand,
Will block the image in the mirror?...

The mirror's light will flash, in turn,
I'll shut my eyes from fright
And step into the coming night,
From which no one returns…

September 27, 1910

Ночь, улица, фонарь, аптека…

Ночь, улица, фонарь, аптека,
Бессмысленный и тусклый свет.
Живи еще хоть четверть века—
Все будет так. Исхода нет.

Умрешь—начнешь опять сначала
И повторится все, как встарь:
Ночь, ледяная рябь канала,
Аптека, улица, фонарь.

10 октября 1912

The night, the pharmacy, the street...

The night, the pharmacy, the street,
The pointless lamppost in the mist.
A quarter century recedes –
There's no escape. It all persists.

You'll die – and you'll begin anew,
As in the past, all will repeat:
The icy channel flowing through,
The lamp, the pharmacy, the street.

October 12, 1912

Была ты всех ярче…

Была ты всех ярче, верней и прелестней,
    Не кляни же меня, не кляни!
Мой поезд летит, как цыганская песня,
    Как те невозвратные дни...
Что было любимо - все мимо, мимо...
    Впереди - неизвестность пути...
Благословенно, неизгладимо,
    Невозвратимо... прости!

1914

You were most charming...

You were most charming, most loyal, most bright,
    Don't curse me, so cruel and so stern!
Like the song of the gypsies, my train is in flight,
    Like the days that will never return...
And all that we loved – went by us, went by us....
    Our future is hard to perceive...
With blessing, impressive and wholesome and pious,
    With lasting forgiveness... forgive!

1914

О, я хочу безумно жить…

О, я хочу безумно жить:
Всё сущее - увековечить,
Безличное - вочеловечить,
Несбывшееся - воплотить!

Пусть душит жизни сон тяжелый,
Пусть задыхаюсь в этом сне, -
Быть может, юноша веселый
В грядущем скажет обо мне:

Простим угрюмство - разве это
Сокрытый двигатель его?
Он весь - дитя добра и света,
Он весь - свободы торжество!

5 февраля 1914

I yearn to live a life of meaning…

I yearn to live a life of meaning:
Make every thing – immortalized,
Make all the formal – humanized,
Bring non-existent - into being!

This dream will choke me, I'll collapse,
This dream will rob me of my breath,
But then, a cheery youth, perhaps,
Might say of me after my death:

Forgive him all his gloom tonight -
Was that the engine that would lead him?
A child of righteousness and light,
He's all - a testament to freedom!

February 5, 1914

Я помню нежность ваших плеч...

Я помню нежность ваших плеч
Они застенчивы и чутки.
И лаской прерванную речь,
Вдруг, после болтовни и шутки.

Волос червонную руду
И голоса грудные звуки.
Сирени темной в час разлуки
Пятиконечную звезду.

И то, что больше и странней:
Из вихря музыки и света —
Взор, полный долгого привета,
И тайна верности... твоей.

1 июля 1914

I recall the nervous trepidation...

I recall the nervous trepidation
Of your gentle shoulders as we spoke
And the warm caress mid-conversation,
Unexpected, following a joke.

And your musical voice, reaching far,
And your hair's dark red coloration,
And the lilac's five-pointed star
In the hour of our separation.

And something much greater, of course:
As music and light whirled in space -
Your extended and welcoming gaze,
And that mysterious loyalty... yours.

July 1, 1914

Ты жил один!...

Ты жил один! Друзей ты не искал
И не искал единоверцев.
Ты острый нож безжалостно вонзал
В открытое для счастья сердце.

«Безумный друг! Ты мог бы счастлив быть!..»
«Зачем? Средь бурного ненастья
Мы, всё равно, не можем сохранить
Неумирающего счастья!»

26 августа 1914

You sought no friends!...

You sought no friends! Alone you lived your life,
Without those who shared your point of view.
Without remorse you calmly thrust your knife
Into each heart that shared its love with you.

"My senseless friend, seek happiness and mirth!..."
"But why? It makes no difference whatsoever.
No matter how we try, we can't preserve
Undying happiness in stormy weather!"

August 26, 1914

Похоронят, зароют глубоко...

Похоронят, зароют глубоко,
Бедный холмик травой порастет,
И услышим: далёко, высоко
На земле где-то дождик идет.

Ни о чем уж мы больше не спросим,
Пробудясь от ленивого сна.
Знаем: если не громко — там осень,
Если бурно — там, значит, весна.

Хорошо, что в дремотные звуки
Не вступают восторг и тоска,
Что от муки любви и разлуки
Упасла гробовая доска.

Торопиться не надо, уютно;
Здесь, пожалуй, надумаем мы,
Что под жизнью беспутной и путной
Разумели людские умы.

18 октября 1915

They will bury us deep…

They will bury us deep once we're dead
And the grass will then cover the mound,
And we'll hear: somewhere high, overhead,
A passing shower will water the ground.

From then on, we'll seek nothing at all,
Waking up from a dream, we will reason:
If it's quiet outside - it's the fall,
If it's turbulent - spring is in season.

It's so nice that our drowsy sensations
Won't be troubled by grief and delight,
Separation and love's complications
Cannot break through the coffin inside.

It's so homely, we've found what we sought;
Here, one day, we may just comprehend
How a senseless life differs somewhat
From a sensible one for a man.

October 18, 1915

ДВЕНАДЦАТЬ

I.

Черный вечер.
Белый снег.
Ветер, ветер!
На ногах не стоит человек.
Ветер, ветер —
На всем божьем свете!

Завивает ветер
Белый снежок.
Под снежком — ледок.
Скользко, тяжко,
Всякий ходок
Скользит — ах, бедняжка!

От здания к зданию
Протянут канат.
На канате — плакат:
«Вся власть Учредительному Собранию!»
Старушка убивается — плачет,
Никак не поймет, что значит,
На что такой плакат,
Такой огромный лоскут?
Сколько бы вышло портянок для ребят,
А всякий — раздет, разут...

Старушка, как курица,
Кой-как перемотнулась через сугроб.
— Ох, Матушка-Заступница!
— Ох, большевики загонят в гроб!

THE TWELVE (an excerpt)

       I.

   Black night.
   White snow.
   Windy outside!
A man can't withstand the blow.
   Windy outside –
On God's earth, world-wide!

   The wind weaves
   White snow.
There's ice - below.
   Slippery, startling,
   Anywhere you go -
You'll slip – poor darling!

   Throughout the city,
   They've stretched a line.
   On the line – a sign:
"All power to the Constituent Committee!"
An old woman slips, weeping,
Can't comprehend the meaning,
   Who needs this charade,
   Such large signs and flags?
How many shawls could be made
   For the kids wearing rags…

   Like a hen, the old one, reckless,
Steps through the snow-bank, brave.
   -Oh, Mother of God – Our Protectress!
   -Those Bolsheviks will be my grave!

Ветер хлесткий!
Не отстает и мороз!
И буржуй на перекрестке
В воротник упрятал нос.

А это кто?— Длинные волосы
И говорит в полголоса:
 — Предатели!
 — Погибла Россия!
Должно быть, писатель —
 Вития...

А вон и долгополый —
Стороночкой и за сугроб...
Что нынче не веселый,
 Товарищ поп?

Помнишь, как бывало
Брюхом шел вперед,
И крестом сияло
Брюхо на народ?

Вон барыня в каракуле
К другой подвернулась:
— Уж мы плакали, плакали...
Поскользнулась
И — бац — растянулась!

 Ай, ай!
 Тяни, подымай!

Ветер весёлый.
И зол и рад.

Крутит подолы,
Прохожих косит.
Рвет, мнет и носит
Большой плакат:

The chill bites to the very bone!
And the winds holler!
The bourgeois on the corner, alone,
Tucks his nose in the collar.

And who's this? – A long haired mister
Speaking in half a whisper:
   - Russia has died now!
   - Traitors!
Must be a writer -
   Orator…

And wearing a cassock, another
Sidesteps, disappears in the trees…
I see that you're in a pother,
Eh, comrade priest?

Remember, not long ago,
How your belly stuck out
Casting a blinding glow
With its cross on the crowd?

A lady wrapped in fur, in stride,
With another conversed:
- We cried and we cried…"
She barely slipped, at first,
and then – bang – head first!

    Oh my! Oh my!
    - Pull me up! She cried.

The mad wind gloats
And doesn't decline.

It twists the hems of the coats
Mowing the passersby.
It mangles, and rips from the sky
The large placard sign:

«Вся власть Учредительному Собранию!»
    И слова доносит:

...И у нас было собрание...
...Вот в этом здании...
...Обсудили —
Постановили:
На время — десять, на ночь — двадцать пять...
...И меньше ни с кого не брать...
...Пойдем спать...

Поздний вечер.
Пустеет улица.
Один бродяга
Сутулится,
Да свищет ветер...

Эй, бедняга!
    Подходи —
Поцелуемся...

    Хлеба!
Что впереди?
    Проходи!

Черное, черное небо.

Злоба, грустная злоба
    Кипит в груди...
Черная злоба, святая злоба...

Товарищ! Гляди
В оба!

"All power to the Constituent Committee!"
    And echoes of words fly by:

    ...We too had a meeting...
    ... Right here, in this building...
    ... We discussed and agreed –
    To this decree:
Ten rubles an hour, twenty-five for the night...
    ... Any less won't slide.
    ...Let's sleep. All right.

    It's getting late now.
    The streets are clear.
    A vagrant stray
    Just stoops in fear,
    And winds grow greater...

    Oh, poor thing, hey!
    I'll kiss you –
    Here...

    Bread!
    What's there?
    Move along! Ahead!

A pitch-black sky hangs overhead.

A pitch-black, grievous spite
  Inside, begins to seethe...
A pitch-black, heavenly spite...

    Comrade! Keep
    Your eyes wide!

Alexander Blok

Alexander Blok (November 28, 1880 - August 7, 1921) was a major poet of the Russian Symbolism movement. His early poetry was dominated by the theme of searching for his ideal beauty. Sound, rhythm, color and repetition played a crucial part in setting the mood and conveying emotions in his writing. With subsequent collections, the focus shifted to depicting human psychology. His writing became more ironic and pessimistic, as he struggled to balance his quest for an ideal with his disenchantment in everyday life. In the later stages of his career, he wrote predominately about political themes and the changes that were happening in Russia. To this day, he is considered by many to be the most important Russian poet since Alexander Pushkin, and his work would have a lasting influence on the likes of Anna Akhmatova, Boris Pasternak and Marina Tsvetaeva, among other prominent poets of the Silver Age.

Made in the USA
Middletown, DE
10 November 2023